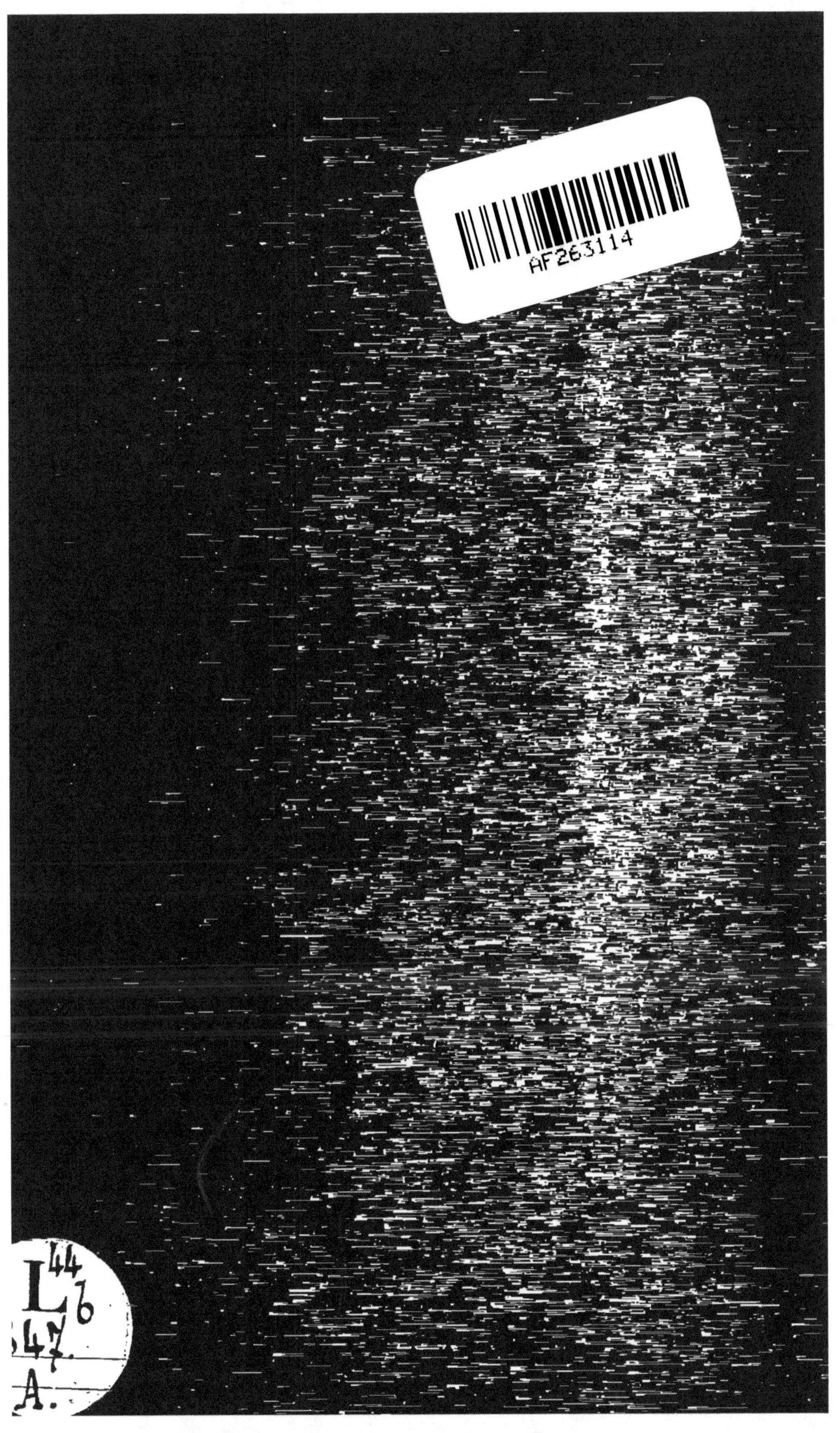
AF263114

PÉTITION

DE

BUONAPARTE

ET DE

SA SOEUR MARIE-ANNE-ELISA (Mme. BACCIOCHI).

NOTICE ET *FAC-SIMILE*.

2e. édition.

CAEN,

IMPRIMERIE DE A. HARDEL,

Rue Froide , n°. 2.

1842.

PÉTITION

DE

BUONAPARTE

ET DE

SA SOEUR MARIE-ANNE-ELISA (Mme. BACCIOCHI).

NOTICE ET *FAC-SIMILE*.

Dans une séance de l'Académie royale des sciences, arts et belles-lettres de Caen (celle du 26 février 1841), M. de Formeville, conseiller à la cour royale, auteur de plusieurs mémoires historiques d'un haut intérêt, communiqua à ses confrères un des plus précieux autographes que nous connaissions. Cet autographe est de deux mains : de Buonaparte (comme il signait alors), obscur capitaine de 23 ans ; et de sa sœur, Marie-Anne-Elisa, depuis Mme. Bacciochi, morte en 1820. Voici à quelle occasion fut rédigé ce double autographe.

Marie-Anne-Elisa Buonaparte, née le 3 janvier 1777, était entrée, par la protection de M. de Marbeuf, comme élève boursière, dans la maison de St.-Louis, à St.-Cyr. Le brevet d'admission est du 24 novembre 1782; la date de l'entrée, du 22 juin 1784.

Le 7 août 1792, l'Assemblée nationale supprima la maison de St.-Louis. Une addition à la loi fut décrétée le 16 du même mois. Aux termes de cette addition, le pensionnat *serait évacué*, *et les élèves recevraient* 20 *sous par lieue jusqu'à leur municipalité respective.*

Buonaparte était alors à Paris. Il venait de se justifier d'avoir fait tirer sur le peuple, à Ajaccio, le lundi de Pâques précédent, et il allait partir de nouveau pour la Corse, où il arriva dans le courant de septembre.

C'est le 1er. de ce mois de septembre (1), à la veille de son départ, que le jeune capitaine écrit sa pétition; sa sœur y ajoute quelques lignes; le jour même, le maire et les officiers municipaux de St.-Cyr vérifient les droits des réclamants, et le Directoire du district de Versailles accorde les 20 sous par lieue. On voit, dans la rapide expédition de cette affaire, que déjà les lenteurs administratives cédaient à la volonté du futur empereur.

La situation des pétitionnaires est tellement distante de leur prodigieuse et prochaine fortune, à cette date du 1er. septembre 1792, qu'il nous a paru singulièrement curieux de publier le double autographe de Buonaparte et de sa sœur. Leur écriture, d'ailleurs, est assez rare. Si les signatures du grand homme sont multipliées, on a peu de morceaux de quelque étendue écrits de sa main. Encore la plupart de ceux-ci ressemblent-ils habituellement à des énigmes graphiques, à travers lesquelles il faut deviner les mots que l'auteur eût voulu jeter sur le papier avec l'incroyable rapidité de sa pensée.

La pétition dont nous offrons au public un *fac-simile* est peut-être l'autographe le plus soigné de Buonaparte. On verra, toutefois, qu'une ou deux ratures ne la lui firent pas recommencer : ce n'était pas en copies que devait user son temps celui qui, capitaine alors d'une centaine d'hom-

____

(1) Le petit paraphe ajouté par Buonaparte au 2 assez mal fait qui termine 1792, donne à ce 2 beaucoup de ressemblance avec un 7 ; mais cette date de la pétition est bien 1792.

A Messieurs les administrateurs de Versailles

Messieurs,

Buonaparte frère et tuteur de la demoiselle marianne Buonaparte a l'honneur de vous exposer que la loi du 7 août et plus particulièrement l'article additionnel du 16 du même mois supprimant la maison de St. Louis, il vient réclamer l'exécution de la loi et ramener dans sa famille ladite demoiselle. Sa sœur, ses affaires très instantes de service publique l'obligeant à partir dans peu sans délai, il vous prie de vouloir bien ordonner qu'il jouisse du Marquisat bénéfice de la loi du 16 et que le trésorier du district soit autorisé à lui escompter les 20 s. par lieue jusqu'à la municipalité d'Ajaccio lieu du domicile de ladite demoiselle et où elle doit se rendre auprès de sa mère —

avec respect
le 1er 7.bre 1792

Buonaparte

j'ay l'honneur de faire observer a Messrs les administrateurs que n'ayant jamais connu d'autres péres que mon frére, sy ses affaires l'obligoiet a partir sans qu'il ne m'amenat avec luy je me trouverois dans une impossibilité absolue de vacuer la maison de St Cyr

avec respect.

Marianne Buonaparte

mes, avait à échanger son épée contre la plus belle couronne de l'Europe.

Nous savons que la *Presse de Seine-et-Oise* du 13 juin 1840 a publié cette pétition , qu'ont reproduite plusieurs journaux. Ces feuilles ont rendu l'écriture en caractères typographiques, genre de copie d'un triste effet quand on suit lettre à lettre un original plein de fautes d'orthographe. La publication de 1840 n'ôte rien, ce nous semble, au mérite de celle que nous permet de faire aujourd'hui l'obligeance toute désintéressée de M. de Formeville.

Quant à ces fautes d'orthographe grossières, qui étonnent dans un génie si vaste que celui de l'empereur , il faut se souvenir que le jeune Buonaparte n'eut aucun succès dans ses études littéraires, terminées , d'ailleurs, en quatrième. Il n'avait de goût que pour les sciences exactes, dont il s'occupa exclusivement à l'école militaire. Sorti de cette école , il eut le temps de faire la conquête d'une partie du monde, non celle de réparer son ignorance des éléments des langues. MM. Buchez et Roux, dans leur *Histoire parlementaire de la révolution française,* ont publié une lettre écrite par Buonaparte en cette même année 1792, et dans laquelle se trouvent des fautes d'orthographe tout-à-fait semblables à celles de sa pétition du 1er. septembre.

Cependant nous avions d'abord refusé de croire à l'authenticité de cette pièce ; nous avions même formulé nos objections, qui ont été soumises à M. Rocquancourt, directeur de l'école militaire de St.-Cyr , et notre collègue à l'Académie de Caen. Une lettre de ce dernier a levé tous nos doutes, et c'est avec assurance que nous publions un fac-simile du précieux autographe. Nous y ajoutons les pièces justificatives suivantes, qui ont été longtemps annexées à la pétition.

EXTRAIT D'UN REGISTRE DE LA MUNICIPALITÉ DE SAINT-CYR.

« Nous, maire et officiers municipaux de St.-Cyr, district de Versailles, département de Seine-et-Oise, nous étant transportés à la maison de St.-Louis, établie en ce lieu, et nous étant fait représenter les brevets et autres titres, nous avons reconnu que la demoiselle Marie-Anne de Buonaparte, née le 3 janvier 1777, et entrée le 22 juin 1784 comme élève dans ladite maison de St.-Louis, y est encore dans la même qualité. Elle nous aurait témoigné le désir qu'elle aurait de profiter de l'occasion du retour de son frère et tuteur pour rentrer dans sa famille.

« Vu les différentes choses que nous venons d'énoncer et l'embarras où se trouverait ladite demoiselle de faire un voyage aussi long, seule, et dès-lors l'impossibilité absolue d'évacuer la maison de Saint-Louis le 1er. octobre, en conformité de la loi du 7 août dernier, nous n'empêchons et croyons même qu'il est nécessaire de faire droit à la demande desdits sieur et demoiselle Buonaparte.

« Fait et délivré à Saint-Cyr, au *gref* municipal, aujourd'hui 1er. septembre 1792, l'an 4e. de la liberté et le 1er. de l'égalité, et, avons signé. Signé *Aubrun*, maire; signé *Houdon*, f. greffier. »

EXTRAIT DU REGISTRE DES DÉLIBÉRATIONS DU DIRECTOIRE DU DISTRICT DE VERSAILLES, DU 1er. SEPTEMBRE 1792, 4e. DE LA LIBERTÉ, ET 1re. DE L'ÉGALITÉ.

« Vu la pétition de l'autre part, l'extrait du procès-verbal de l'autre part, l'extrait du procès-verbal de l'Assemblée nationale du 16 de ce mois, et le certificat de la municipalité de St.-Cyr;

« Ouï M. le premier syndic;

« Le Directoire est d'avis qu'il y a lieu de délivrer, au profit de la demoiselle Buonaparte, un mandat de la somme de 352 livres, pour se rendre à Ajaccio, en Corse, lieu de sa naissance, et de la résidence de sa famille, distant de 352 lieues, qu'en conséquence le sieur Buonaparte est autorisé à retirer de la maison de Saint-Cyr la demoiselle sa sœur, avec les hardes et linge à son usage. Homologué le 1ᵉʳ. septembre. Pour copie : Signé *Corderant.* »

EXTRAIT DE BAPTÊME.

« L'an 1782, le 20 janvier, nous attestons, du livre dans lequel s'écrivent les actes de baptême, avoir extrait mot pour mot ce qui suit :

« L'an 1779, le 4 septembre, dans la paroisse de St.-Jérôme, je soussigné, archiprêtre, ai accompli les saintes cérémonies, en ondoyant, dans la maison, et par la permission de Monseigneur l'évêque, Marie-Anne, fille du très-illustre Charles de Buonaparte, noble du royaume, et de la très-illustre dame Marie Lætizia, sa femme, née le 3 de janvier de l'an 1777.

« Parrains : — Le révendissime chanoine-vicaire Ignace-Mathieu Corta, qui signe, et nous.

« En foi de quoi, signé Jean-Baptiste Forcioli, archiprêtre d'Ajaccio.

« Nous Jacques-Philippe Ducorrech de Raguine, juge royal d'Ajaccio, certifions à tous qu'il appartiendra, que le sieur Jean-Baptiste Forcioli, qui a signé ci-dessus, est archiprêtre de cette ville, et qu'en sa qualité foi doit être ajoutée à sa signature, tant en jugement que dehors ; à l'effet de quoi nous avons délivré et signé le présent, et sur icelui fait apposer au greffe le sceau de la juridiction.

« Fait à Ajaccio, le 29 janvier 1783. Signé ; *Ducorrech de Raguine.* Vu par nous, lieutenant-général des armées du roi, commandant en chef, et par nous, intendant et commissaire départi en Corse.

« Signés : comte *de Marbeuf.* — *de Bouchepern.*

BREVET D'ADMISSION A SAINT-CYR.

« Aujourd'hui 24 novembre 1782, le roi étant à Versailles, bien informé que la demoiselle Marie-Anne de Buonaparte a la naissance, l'âge et les qualités requises pour être admise au nombre des demoiselles qui doivent être reçues dans la maison royale de Saint-Louis, établie à Saint-Cyr, ainsi qu'il en *apparre* par titres, actes et certificats, et autres preuves, conformément aux lettres-patentes du mois de juin 1686 et mars 1694 ; sa Majesté lui accorde une des 250 places de ladite maison, enjoignant à la supérieure de la recevoir sans délai, de lui faire donner les instructions convenables, et de la faire jouir des mêmes avantages dont jouissent les autres demoiselles, en vertu du présent brevet que Sa Majesté a, pour assurance de sa volonté, signé de sa main, et fait contresigner par moi ministre et secrétaire-d'état et de ses commandements et finances.

« *Signés :* LOUIS. — Le baron DE BRETEUIL. »

FIN.

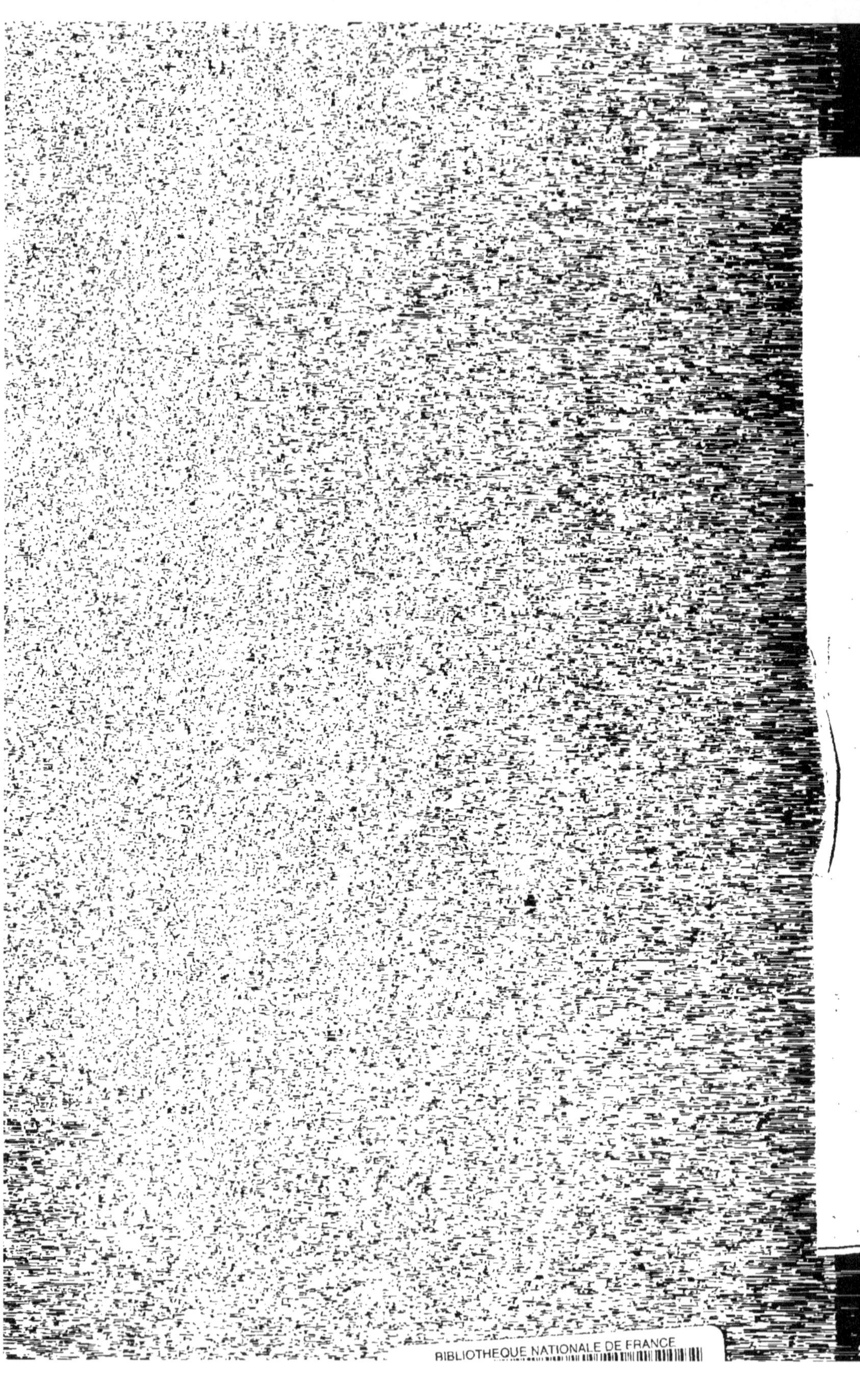